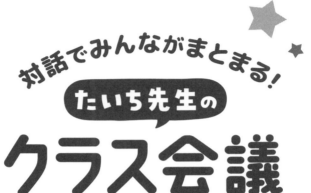

対話でみんながまとまる！
たいち先生の
クラス会議

深見 太一

学陽書房

クラスの問題と聞いて
何を思い浮かべますか？

教師になるまでは、

クラスが騒がしい

友だちとけんかした

くらいかと思っていました。
でも現実はちがっていた……
クラスで起こる問題というのは、

- 友だちに消しゴムをちぎられた
- 男子が下品なことを言う
- 自分の好きな子と同じ班になりたい
- ロッカーからひもが出ていて気になる
- 母親がスマホを買ってくれない
- 給食のお皿にご飯つぶがたくさんついている
- 係の仕事をやってくれない人がいる
- 電車の話ばかりする友だちと話したくない
- 悪口を言われて悲しい
- 弟がゲームを壊して困っている
- 先生がいないときにクラスが騒がしい
- 友だちがブランコを代わってくれない
- ネットゲームでイヤな思いをした
- 学校に関係ないものをもってくる子がいる
- 自分で学芸会のダンスを決めたい
- 給食の量が少なくてお腹がすく
- 算数がわからないからやりたくない
- 夏休みの宿題をやりたくない
- 他の学年の子が遊びのじゃまをしてくる
- 親に自由帳を笑われた
- あいさつの多いクラスにしたい
- 自分のあだ名が気に入らない
- キャンプの班を自分たちで決めたい
- 下駄箱のクツがそろっていない
- 登下校でふざける子がいてあぶない
- 掃除をしない子がいる……

しかも、キリがない、問題が減らない……

そこで良い方法を探していたところ、
たまたま出会ったのが **クラス会議** でした。

クラス会議を取り入れると、
山積みだった問題が激減し、クラスがまとまっていきました。

それもそのはずです。
教師１人よりも、
子ども３５人で問題に立ち向かったほうが、
子ども目線の解決策がたくさん出るわけですから！

クラスの問題で困っている先生に

クラス会議よ、もっと広まれ！！！

はじめに

　クラス会議とは、子ども全員で問題を話し合って、解決策を考える会議です。

　クラス会議を取り入れると、子どもだけで問題を解決できるようになったり、自分の困っていることを自己開示できるようになったりします。

　私はここ6年間毎年、クラス会議を行ってきました。

　クラス会議で、子どもたちは「クラスが騒がしい」「係の仕事をやらない人がいる」といったクラスの問題や、「自分のあだ名がイヤ」「悪口を言われた」といった子ども個人の悩みなどを話し合ってきました。

　クラス会議のおかげで、最後には必ずすてきなクラスができあがりました。だからこそ、たくさんの人に伝えていきたいと思っています。

　クラス会議特有のあたたかい雰囲気。人とつながれる感覚。みんなは敵ではなく、仲間であるという認識。これらを感じることができます。

　本書は、クラス会議の進め方や成功の秘訣を紹介したものですが、私がこの本で伝えたいことはそれだけではありません。

　「クラスの問題は子ども自身で解決しようと自ら取り組むので、その可能性を教師が信じきること」です。

　実際に、「クラスで問題が起こったときに、先生が解決するクラスと自分たちで解決するクラスだったらどっちがいい?」と子どもたちに尋ねると、ほぼ100%「自分たちで解決したい!」と言います。

子どもたちは自分たちで問題に向き合いたいと思っているのです。それを時間がないから、めんどうだからという教師の都合で、子どものやる気をそのまま放置して良いのでしょうか。

　クラス会議を始めると、教師の予想をはるかに超えた感動的なドラマがクラス中で巻き起こります。「ああ、この瞬間が見たくて教師になったんだな」と言っても過言ではないほどです。これは教師という仕事ならではの特権ですし、そんな日はビールがすこぶるおいしいです（笑）。

　子どもたちは可能性とやる気に満ちあふれています。そうした子どものモチベーションや才能ををを引き出すために私は教師になりました。きっとこの本を手にされている先生方や保護者のみなさんも同じ思いではないでしょうか。

　本書の最大の特徴は、年３０回６年間毎年クラス会議をやってきたという現場経験に基づいた内容であることです。
　繰り返しクラス会議をやってきて、成功させるためのコツや大事なポイントが肌感覚でわかるようになってきました。
　それと同時に、教師がきちんとサポートさえすれば、小学校１年生でもクラス会議を行うことが可能なのだと子どもの力に驚かされることもありました。

　本書が教師のみなさんの学級づくりに役立てればうれしく思います。
　問題を自分たちで解決できる子どもたちや、お互いに助け合えるクラスが増えることを願っています。
　すべては日本の明るい未来のために。

2020年２月
深見　太一

CONTENTS

第 1 章 クラス会議とは？

第 2 章 クラス会議が成功する準備・練習

第**3**章 クラス会議の
実際の進め方

第**4**章 クラス会議の
実践事例

第**5**章 こんなときどうする？ Q&A

付録
・司会進行マニュアル（教師用）
・司会進行マニュアル（子ども用）
・議題提案シート

第 **1** 章

クラス会議とは？

クラス会議とは？

> ▷▷ **クラス会議は、みんなで問題を話し合う会議！**

　クラス会議とは、子ども全員でクラスの問題を話し合い、解決策を考える会議です。「クラスが騒がしい」「係の仕事をやってくれない人がいる」などの問題にみんなで向き合います。

　アドラー心理学に基づく学級経営の方法で、週に1回行うだけで、共同体感覚が育まれ、クラスの雰囲気が劇的に変わります。

　共同体感覚とは、アドラー心理学の概念で、アドラー心理学に基づく教育の目的とされています。共同体感覚は、所属感、信頼感、貢献感などで構成されています。

　・自分はこのクラスの一員だという所属感

　・困ったら友だちに相談できるという信頼感

　・クラスが抱えている悩みを自分で解決したという貢献感

　といったものが共同体感覚になります。

　このような共同体感覚を育てることは、学級づくりにおいて不可欠です。なぜなら、共同体感覚が育つと、子どもたち自身の力でより良いクラスをつくっていくことが可能になるからです。

▷ クラス会議で、子どもの主体性が育つ！

「ポジティブ・ディシプリン」という言葉を知っていますか？

ポジティブ＝肯定的な、ディシプリン＝しつけという意味で、体罰ではなく、愛情で育てようとする方法です。

子どもの主体性を伸ばすのを目的に開発されたもので、叱ったりせず、わがままにもさせない。子どもが問題を解決しながら成長していけるのです。

クラス会議は、このポジティブ・ディシプリンという考え方に基づいて、子どもに、話し合いによって共同体感覚を身に付けさせるものなのです。だからこそ、子どもの主体性をどんどん伸ばしていけるのです。

クラス会議は、みんなで問題を話し合う会議！

＼ ポイント ／

● **クラス会議はアドラー心理学がベースになっている**

● **クラス会議で、子どもの主体性が育つ！**

② なぜいまクラス会議？

▷▷ 自分で考えて動ける子どもを育てる

　これからの時代は、自分で考えて動ける子どもを育てていかなければ、ＡＩに仕事を奪われてしまいます。

　「教室を掃除しなさい」という指示を聞ける子どもではなく、教室が汚いことに気が付いて、どうしたらきれいになるかを考えられる子を育てていかなくてはなりません。こうした課題に気が付ける力と課題に向き合える力を鍛えられるのが、クラス会議です。

▷▷ 問題解決力を養っていく

　教室では毎日のようにさまざまな問題が起こりますが、教師はこれらすべてに対応できるわけではありません。また、「最終的に先生が何とかしてくれる」と子どもが考えていると、問題に真剣に向き合わなくなり、人任せになります。

　だからこそ「クラスの問題は自分たちで解決する」という前向きな姿勢や、「解決できる」という自信が大切なのです。普段から、クラス会議の中で、問題に向き合い、解決策を考えることで、問題解決力を養っていきます。

▷ 子ども同士でつながれる経験を増やす

　もう一つの理由は、子ども同士でつながり、クラスの連帯感を強めるためです。最近では子ども同士でつながれる経験が激減しており、それが原因で学級崩壊を引き起こすケースも少なくないからです。

　私が子どもの頃は、クラスの男子のほとんどが水曜日の夜7時にテレビでドラゴンボールを必ず観て、次の日にはその話題で持ちきりでした。つまり、共通の話題があって子ども同士でつながれたのです。

　いまの子どもはスマホでお気に入りのYouTuberを見て、TikTokで踊っています。ゲームやアプリも多種多様で、一人でも十分に楽しむことができます。しかし、クラスは一人では成り立ちません。

　子どもたちの中に共通の話題がないからこそ、意識的に共通の話題をつくり、教室の中でつながれる経験が絶対に必要なのです。

子ども同士がつながっていれば学級崩壊を防げる！

＼ ポイント ／

● 子どもだけで問題に気が付ける力を養う！
● 子ども同士でつながる経験を増やす！

③ クラス会議でできる 3つのこと

▷ クラスの問題を共有できる

　第一に、クラス会議では、「子ども全員でクラスの問題を共有する」ことができます。クラスの問題とは、「クラスが騒がしい」「係の仕事をやってくれない人がいる」「男子が給食のときに下品なことを言う」などです。

　問題を共有することで、一部の子どもだけでなく、「クラスの問題」として全体で認識することができます。問題を認識した上で、みんなで解決策を考えることができます。

▷ 個人の悩みに寄り添える

　第二に、「お母さんが朝起こしてくれない」「弟に困っている」など、子どもは家庭や家族の悩みを持っており、これらもクラス会議で解決策を考えることができます。

　教師がアドバイスをするのではなく、同じ目線の子どもが解決策を考えていくことに大きな意味があるのです。

　たとえば「弟がゲームを隠したり壊したりする」という悩みには、「弟も本当は一緒に遊びたいんだよ」という声があがりました。

　その声をヒントに解決策を考えたところ、①弟と一緒に遊べるゲー

ムをする。②ゲーム以外の遊びで遊ぶ。③手の届かないところにゲームを隠す。というものになりました。

　翌週、悩みを打ち明けた子どもが「弟と遊んであげたらゲームを隠す回数が減った！」と報告してくれました。それを聞いてクラスのみんなもとてもうれしそうでした。このように、家庭のプライベートな悩みも解決することができます。

▷▷ 行事の出し物や内容を決められる

　第三に、クラス会議は行事の決め事にも有効です。運動会のリレーで走る順番や応援合戦の内容、学芸会のダンスなどが決められます。クラス会議では、行事の企画→運営→振り返りができるのです。行事を楽しみにしている子どもも多いので、いつも以上に意欲的になることでしょう。

クラス会議はいろいろな問題に向き合える！

＼ ポイント ／

● トラブルから行事のことまで話し合えるクラス会議は万能である！

● 子ども目線で解決策を考えることに意味がある！

4 クラス会議の最大の魅力

▷▷「タテ」のつながりより「ヨコ」のつながり

　クラス会議の最大の魅力は、子ども同士でつながれて、子どもの力で問題を解決できることです。

　子ども同士というヨコのつながりがあると、悩みを打ち明けやすいのです。また、悩みに対して同じ目線で答えられ、同じ目線の意見は子ども自身も受け入れやすく、相談したほうもされたほうも良いことがたくさんあります。

　自分の悩みを先輩や上司にはなかなか相談しにくいけれども、同期や同級生になら気軽に相談しやすいなど、みなさんも似たような経験はないでしょうか。保護者には相談しにくいけれど、友だちには言える、そういったことは子どもにもあるのです。

▷▷ 大人と子どもの感覚はちがう

　大人にとっては何でもないことでも、子どもには大きな問題なこともあります。たとえば席替え。教師は何気なく決めてしまいますが、子どもにとっては一大イベントなのです。

　自分の好きな友だちととなりになれるか、お気に入りの席になれるかなど、子どもはドキドキしながら非常に楽しみにしています。この

子どもの感覚を忘れないようにしたいものです。

　クラス会議にあがる議題を見ていると、「キャンプの班決めや給食の量も、子どもにとっては大切なんだ！」と教師は忘れていた感覚を取り戻すことができます。

▶ 議題選びも子ども目線で

　クラス会議を見学した先輩の先生から、「親がスマホを買ってくれないなんて話はクラスで話し合うものではない」と言われることがありました。

　しかし、この発言自体が子どもとの感覚のズレを表しています。そこを埋めるのが担任の仕事です。なぜこの議題を話し合うのかを、先輩の先生に丁寧に説明してください。改めて考え直すことで、子どもにとって本当に大切なことが見つかります。

子どもの感覚に敏感になろう！

\ ポイント /
● 子ども同士のヨコのつながりが大切
● クラス会議にあがる議題を見て、子どもの感覚に敏感になろう

5 クラス会議は所属感・信頼感・貢献感を生む

▷▷ クラスの一員であるという所属感を生む

　所属感とは、自分はこのクラスの一員であるという認識です。**クラスに居場所があると、子どもは安心して学校に来られるのです。**
「このクラスは安心できて安全に過ごせる環境だ」と子どもが感じられると、落ち着いて席に座っていられたり、教室に居場所を見つけられたりすることができます。

▷▷ 自分と他者への信頼感を生む

　信頼感には、2種類あります。自分と他者への信頼です。まず自分への信頼ですが、信頼が高まると自己肯定感が身に付きます。自己肯定感とは、自分の存在意義を肯定できる感情です。自己肯定感が下がるのは、みんながができているのに自分だけができないときなどがあるかと思います。

　たとえば、部屋が汚いとお母さんによく叱られる子どもがいたとします。汚いのは良くないとわかっているけれど、なかなか片付けられない。これをガミガミ叱られるので、自分はダメな子・できない子だと感じ、自己肯定感が下がります。

　そんなときにクラス会議の議題として「部屋が片付けられない」と

相談します。すると、クラスのあちこちから「自分も片付けられないんだよ」という声があがります。その瞬間に、「みんなも同じなんだ！」と安心し、自己肯定感は上昇します。

　それから、他者への信頼が高まると自己開示力が身に付きます。なぜなら、自分自身の悩みを打ち明けても大丈夫なのだという安心感があるからです。心を許せていない相手に悩みごとの相談はしません。

　他者への信頼というのはどんどん連鎖していきます。クラスの仲間から自己開示されると、仲間への信頼が高まり、「自分も悩みをみんなに相談してみよう」という前向きな気持ちになり、自己開示できるようになっていきます。

▷▷ クラスへの貢献感を生む

　クラス会議を続けていくと、クラスに貢献しようとする気持ちが高まります。友だちが悩んでいたら、全員が力を合わせて解決しようとします。

　さまざまなアイデアを持ち寄り、あれこれ頭を悩ませながら解決策を考えます。その姿を見た相談者は、次に友だちが悩んでいるときには自分が全力で考えようと心に決めます。つまり、自分の悩みを本気で解決しようとしてくれる仲間の姿を見ることで、自分も次回は貢献したいと思えるのです。

　みなさんも自分の悩みを解決してくれた友だちに恩返しがしたいと思ったことはありませんか。その友だちがもしも悩んでいたら今度は自分が相談に乗ろうという気持ちになりませんでしたか。

　クラス会議は、教室の中で必然的に貢献する気持ちを高めるのです。

＼ ポイント ／
● クラス会議は所属感・信頼感・貢献感を生み、共同体感覚を育む
● 信頼感には、自分への信頼と他者への信頼がある

6 クラス会議と学級会の ちがいは？

▷▷ クラス会議と学級会の３つのちがい

クラス会議のイメージがだんだん湧いてきたでしょうか。

ここまでの説明で、もしかしたら「クラス会議＝学級会」とイメージする人もいるかもしれません。しかし、クラス会議と学級会には、決定的な大きなちがいが３つあります。

それは、①自由でフランクな雰囲気で話せること②個人の悩みを議題として話し合えること③全員が活躍できることです。

▷▷ ①自由でフランクな雰囲気で話せる！

学級会では全員が前を向いて話し合いますが、クラス会議では机を端に寄せ、イスだけで輪になり座ります。これにより、自由でフランクな雰囲気の中で話し合いを行うことができるのです。

学級会のように形式を重視するのではなく、参加する人がフランクに意見を言える場を重視しているのです。

ゆるい雰囲気で話せることで、友だちと折り合いをつけやすくなるメリットもあります。学級会では意見が対立することもあるかもしれませんが、クラス会議では「なるほど、そのアイデアもいいね」と和やかな雰囲気の中で進めることができます。

いまは多様な価値観が存在するダイバーシティな社会だからこそ、ほかの人と折り合いをつけられることが重要です。小学生のうちから折り合いがつけられるようになると、自分とまったくちがう意見に直面したときでもぶつかり合うことなく、受け入れながら向き合うことができます。

つまり、これからの多様な価値観が存在する未来の中でも、より良い生き方をしていけることにつながるのです。

▷ ②個人の悩みを議題として話し合える！

学級会では、「クラスのルールや目標を決める」といったまじめな議題があげられることが多いですが、クラス会議ではもっと個人的な悩みを議題にあげることができます。

たとえば、「弟がゲームを隠したり壊したりするので困る」という議題。これは数年前、実際のクラス会議の議題として出たものです。こうした学級会では取り扱いにくい個人の悩みも議題にあげ、話し合うことができます。

個人の悩みを話し合えるのがいいのは、「こういうことで困っている人がいる」という状況をクラス全員で共有できることです。

普段の生活の中で悩みを打ち明ける機会がない子どもも、クラス会議の場があれば、困っていることを伝えられるのです。

▷ ③全員が活躍できる！

学級会では、みんなの前で意見を発表できる子が活躍します。授業では勉強がよくできる子、運動会では足が速い子、学芸会では踊りがうまい子などが活躍します。

しかし、クラス会議では、解決策を思い付く子、板書が上手な子、困っている子をサポートできる子などが活躍することができます。

つまり、自分の得意なことを活かして、全員が活躍できるのです。

自分の強みが発揮できる舞台、それがクラス会議です。だからこそ、学級会がちょっと苦手な子どもでも、クラス会議は好きになれる場合が多いのです。

▷▷ 友だちをサポートした子が大活躍

ある子どもが自分の強みを発揮できた例を紹介します。

普段はおとなしいはづきさんという子がいました。ある日のクラス会議で解決策を話し合っているときに、いまひとつ話し合いに参加できないかなたくんがいました。かなたくんは、議題の内容がよくわかっていなかったのです。

そんな彼に、はづきさんは議題を丁寧に説明して伝え、「かなたくんならどうする？」と聞いていました。それまであまり参加意欲がなく、フラフラしていたかなたくんも、1対1で尋ねられては答えるしかありません。

かなたくんがモニョモニョと答えたことに対しても「それはこういうこと？」と聞き返したり、ホワイトボードに書きながら「これで合ってる？」と尋ねたりして、何度も確認をしていました。そして、アイデアがまとまると、かなたくんはみんなの前で発表をしました。

すると、最後の解決策を絞るときに、なんとかなたくんのアイデアが採用されたのです。かなたくんは驚きながらもうれしそうな顔をしていました。これははづきさんだからこそできたサポートのおかげでした。

その日の帰りの会で、はづきさんのサポートを「かなたくんに議題を説明して、わかりやすくアイデアをまとめてくれたね。すばらしかったね！」と価値付けしました。価値付けとは、子どもの行動を認め、良いことと評価することです。はづきさんは少し恥ずかしそうな顔をしていましたが、とてもうれしかったようです。

　そして、さらにレベルアップしたのが、次のクラス会議でした。

　前回のはづきさんの活躍を覚えていた子どもたちが、はづきさんのマネをして、どんどん困っている子のサポートに回ったのです。

　良かったことやがんばったことを価値付けてフィードバックすると、こんなにもクラス中に広がっていくのだと驚きました。

　これは一例ですが、クラス会議を続けているとこのような場面がどんどん増えていきます。やればやるだけ子どもたちの成長を促してくれ、活躍できる子がどんどん増えていきます。

クラス会議は自由でフランクな雰囲気で行える！

＼ ポイント ／

● **クラス会議は平等な立場で話し合いができる！**

● **教師の役割は子どもの良かった点を価値付けすること**

7 クラス会議を行った 子どもの感想

▷▷ 1年生でもクラス会議ができる！

　1年生のあるクラスで、5月からほぼ週に1回、クラス会議に取り組んできました。1年生なのですばらしい解決策がいきなり出てくるわけではないですが、話し合った後はみんなが問題を意識して生活できるようになりました。

　全員が問題を認識しているというだけで、子どもたちのふるまいは大きく変わります。問題に誠実に向き合おうとすると、教室はどんどん良い雰囲気になっていきます。

▷▷「話を聞いてくれるとうれしい！」を体験する

　1年生なので聞き方の練習を3時間ぐらい丁寧に行い、ペアでの練習までしっかり行ったので、聞き方が抜群に上達しました。「友だちが話を聞いてくれるとうれしい！」という経験を何度かしたので、授業でもその成果が表れています。

　授業でなかなか発言しないタイプの子ども2人が、クラス会議で「自分がしゃべるときが好き」と話していたので、私自身も驚かされました。クラス会議のときは、発言するのが楽しいのだと思います。

▷ 9割以上の子どもが「クラス会議が好き」と回答

　1年生の子どもたちに、「クラス会議は好きですか？」というアンケートを行いました。

　その結果、「好き29人、嫌い2人」となり、9割以上の子どもが「クラス会議が好き」と回答しました。理由は以下のようなものがあがりました。

＜好きの理由：「話すのが楽しい」と感じる子＞
・じぶんがしゃべるときがすき
・しゃべってはくしゅしてくれるとうれしい
・どんなこともいえるからすき
・よいことをいいあえるのがすき

＜好きの理由：「聞くのが楽しい」と感じる子＞
・みんながいっぱいはなすからすき
・ひとのいけんがきけるから
・ひとのはなしをきくのがおもしろい
・なまえをよばれるとうれしいからすき

＜好きの理由：「雰囲気が良い」「解決できる」と感じる子＞
・みんなのかおがみえるからいい
・みんなのこまっていることをかいけつできるからすき
・はなしあってすごしやすくなるから
・かいけつしたときがうれしい
・ちがういけんをみんながおしえてくれるから

第 2 章

クラス会議が成功する準備・練習

1

クラス会議の必要性を
共有する

▷▷ クラス会議って何のためにやる？

　そもそも子どもたちがクラス会議の必要性を感じていなければうまくはいきません。教師だけが「よし！　やるぞ！！」と意気込んでも、そのテンションに子どもがついていけないことがあります。

　何のためにやるのか、その意義や方法をわかっていなければ、子どもはポカンとしてしまい、失敗する原因になってしまいます。

▷▷ 選択肢を用意してみよう

　まずはなぜクラス会議を行うのかを意識させるのには、導入時に次のように質問するといいでしょう。

　「いまクラスでこんな問題が起こっているけれど、先生が解決する？　それとも自分たちで解決する？」と選択肢を用意します。そして子どもたち自身に選ばせるようにしましょう。

　ほぼ１００％、「自分たちで解決する！」と言うはずです。すでにそこから子どもたちの自主性が養われ、クラス会議は始まっています。

　大人でも、朝ご飯のときに、パンかご飯か好きなほうを食べていいよと選択肢があると、うれしく感じるのではないでしょうか。

　つまり、誰かに勝手に決められるより、自分たちで決めた！　とい

う事実がとても大切なのです。「自分たちで選択できる」という意思決定権があるとその後のモチベーションが大きく変わってきます。

　もしも「自分たちで解決する！」と言わない場合には、「みんなが困っている問題を話し合う時間を週に1回つくりたいと思うんだけどどうかな？」などと伝え、実施することに同意を得ましょう。

▷▷ 必要性を感じると責任転嫁することがなくなる

　また、子ども自身がクラス会議をやると言い出したなら、もしクラス会議がうまくいかなくなったときでも「先生が勝手にやろうって言った」と責任転嫁することはなくなります。

　困ったことや悩みがあるときに、人のせいにしたり、すぐに教師を頼るのではなく、自分たちで責任をもって、問題に向き合い、解決しようとしてほしいのです。それこそが未来を生き抜く力です。

クラス会議の必要性を感じてもらう！

＼ ポイント ／

● 何のためにやるかを導入時に子どもと共有する

● 必要性を感じると、責任感をもって取り組める

2

進行や役割を
子どもに任せる

▷ 子どもだけでクラス会議ができるように！

　いつまでたっても、教師が司会をして、板書して、発言を促して、まとめをして……。これではクラス会議が子どもたちのものになっていきません。教師が進行全般を引き受けてしまうと、教師任せになってしまいます。

　あくまでも最終目標は、「子どもだけでクラス会議ができるようになること」なので、できるだけ任せるようにしましょう。

▷ 役割があるとすぐに動き出せる

　まず任せ方のポイントとして、役割を与えるようにします。子どもたちが野球をするときにも、ポジション決めをすると思いますが、それはすぐにどの場所で何をするかがわかり、始められるからです。

　子どもたちに役割がない状態で始めると、自分は何をすべきかわからず会議が進みません。役割決めによって、クラス会議のスタートダッシュが切れるので、その後はスムーズに進んでいきます。

▷ 一人ひとりが人任せにしなくなる

　一人ひとりが責任感をもてるようになるというのも、任せることのメリットです。司会の子は全員の子と向き合うようになりますし、書記の子は要点を聞き取ろうとして人の話を懸命に傾聴するようになります。

　また、たとえ司会や書記でなくても、「司会の人が困っているから協力しよう」「書記の人がまちがえているから教えてあげよう」などと他の子も協力するようになります。**つまり、教師から任されると責任感をもち、協力的になるのです。**

▷ クラス会議の３つの役割

　クラス会議には、３つの役割があります。
①司会（１名）…クラス会議を進める。みんなの意見を聞く。
②副司会（１名）…司会をサポートする。書記や先生への報告。記録
　　　　　　　　しておいたほうがいいことをノートに書く。翌週
　　　　　　　　のクラス会議のときにノートで振り返れるように
　　　　　　　　しておく。
③黒板書記（１〜２名）…意見を短くまとめて黒板に書く。（発達段
　　　　　　　　階に応じて人数は柔軟に変える）

▷ 司会や黒板書記にみんなで挑戦する

　誰がどの役割をやるか決めるときに、私のクラスでは立候補を募ります。初期段階では、学級委員をやるタイプの子が手を挙げます。

　年度中盤になると本当はリーダーをやってみたいけれど、いつもは遠慮してしまう子が手を挙げ始めます。

　半年過ぎた頃からは、おとなしい子たちも次第に手を挙げ始めま

す。この瞬間がいつもたまりません。おとなしい子たちが挙手できる環境にするためにも、「一度司会をやった子はほかの子にゆずる」というルールを設けます。司会をできる子だけがやればいい、というものではないからです。

　なかなか手が挙がらない場合には、リーダー（司会）の意義を伝えながら、少しずつ挑戦できる子を増やしていきます。あまり積極的でない子が勇気を出して挑戦したときには認めます。

▷▷ 任せ方には段階とコツがある

　クラスの状況によっても、任せ方には段階とコツがあります。最初から「司会をやりたい！」という子がたくさん出るクラスであれば、問題ないかもしれません。しかし、なかなかそうもいかないときもあるでしょう。

　司会や書記に立候補する子がいない消極的な雰囲気の中で、いきなり最初から「すべてお任せ」では、子どもたちも困惑してしまいます。

　そこで、まずは教師がロールモデルとなり、司会や黒板書記の見本となり、クラス会議を進めます。その姿を見ているうちに、子どもたちが徐々に「自分たちもやりたい！」となっていきます。

　まずは司会だけを任せてみたり、黒板書記だけを任せたりしていきます。要はスモールステップで成功体験を積ませていき、達成感を味わってもらい、「またやってみたい！」という気持ちを引き出します。

▷▷ 少しずつ任せる割合を増やしていく

　子どもやクラスの発達段階にもよりますが、最初の1ヵ月は教師が介入し、無事に最初から最後まで進むようサポートします。

　少しずつ教師の介入を減らし、1年後には完全に子どもたちだけで司会などの役割すべてをできるようにします。

最終的には、最初から最後まですべて教師が介入することなく、子どもたちだけで話し合いができるようになるといいですね。

▷ みずから司会に立候補する子が現れる！

　あるおとなしい男子児童の話です。あまり人前に出るタイプではなかったのですが、クラス会議の司会だけは自分から手を挙げて立候補していたので、「なんで司会をやろうと思ったの？」と尋ねると、「だって前に、クラス会議で自分の家の問題を解決してもらったから、今度は司会をして役に立とうと思って……」と答えてくれました。

　その男の子は、クラス会議で司会を任されて自信をつけたのか翌年には学級委員に立候補して、見事選ばれたそうです。このようにリーダーに挑戦する機会も設けることができるのです。

少しずつ子どもだけで進行できるようにする！

＼ ポイント ／
● 任せることは、子どもを信じること
● 役割があると子どもたちは動き出せるようになる

話し合いのルールを
子どもと決める

▷ 子どもと一緒にルールを決める

　話し合いのルールも教師が先に決めてしまうのではなく、子どもたちに考えてもらい、ルールを決めます。

　人に命令されたことを守るのは難しいですが、自分で決めたことは守ろうとするからです。たとえば、「早く宿題をしなさい！」と言われてもなかなかやる気は出ません。しかし、「テストのために１５分だけ勉強しよう！」と自分で決めれば、真剣に取り組みます。

　つまり、「教師が決めたルール」よりも「自分たちで決めたルール」のほうが子どもたちは真剣に守ろうとします。

▷ 子どもならではの発想を大切にする

　「どんなルールがあるとみんなが気持ちよく話し合えるかな？」と尋ねてみます。右頁にあるのは、実際のクラス会議で子どもたちから出たルールです。「人の話を聞かずに話している人がいたら肩をトントンする」というルールが、子どもならではの優しい発想で私個人としてはお気に入りです。

　ルールが出ないときには、次回にルール決めをすることを予告しておいてから一度クラス会議を行ってみます。するとこんなルールがあ

るとよいなと子どもが気付くことができ、ルール決めの日に意見が出やすくなります。

　的外れなルールはいきなり教師が否定するのではなく、まずはクラス全体に向け、「みんなはどう思う？」と問いかけます。すると的外れなルールはそこで却下されたりブラッシュアップして改善されたりします。

　また、実際にそのルールでやってみると、もっとよいルールがあることに気が付くこともできます。

＜実際に子どもから出たルール＞

・男女が交互に座る

・人の話を聞かずに話している人がいたら肩をトントンする

・話している人のイヤなことを言わない

・ぬいぐるみを持っている人の話を聞く

・一人になっている子がいたら声をかけてあげる

子どもたちにルールを考えてもらおう！

＼ ポイント ／

● **ルールを決めるところからクラス会議は始まっている**

● **子どもならではの優しい発想を大切にする**

4

会議に必要な議題を集める

▷▷ クラス会議におすすめの議題

　いきなり「議題をあげてみよう！」と言われても、子どもたちはどんな議題をあげれば良いかがわかりません。なので、教師はどんなものが議題としてふさわしいかの例を示します。

　基本的にはどんな議題もOKですが、誰か１人を攻撃する議題にしないことを約束します。第１章でも少し紹介しましたが、代表的な議題は主に次の３つに分けられます。

＜議題の例＞
①クラスの問題
【困っていること】
・先生がいないときにクラスが騒がしくて勉強に集中できない
・教室の後ろがいつも汚れている
・係活動をやっていない子がいる
【もっと良くしたいこと】
・男女の仲をもっと良くしたい
・雨の日に教室で楽しく過ごす方法を知りたい

②個人の悩み

【困っていること】

・親がスマホを買ってくれない

・弟がゲームを隠す

・母親が朝起こしてくれない

【もっと良くしたいこと】

・かけっこで速くなりたい

・算数が苦手で、みんなはどうやって勉強しているのかを知りたい

③行事やイベントのこと

・学芸会のダンスを決めたい

・全員リレーの走る順番を決めたい

・運動会で勝つために作戦を考えたい

困ったなぁ…

もっと良くしたい！

子どもの悩みを議題にする！

＼ ポイント ／

● 議題例を示すことで子どもにわかるようにする

● 議題には個人の悩みを出してもよいことを伝えておく

5

議題提案シートを用意する

▷ 議題提案シートで議題を出しやすくしよう

　議題がスムーズに出るようにするためには、まずは全員で議題を書いてみます。右頁のような議題提案シートを全員に配り、議題出しをやってみます。Excelで作成し、Ｂ５サイズで印刷するのがおすすめです（P.108のものをコピーしてお使いください）。

　一度書いておくことで、書き方がわからない子が減ります。**議題提案シートは、議題提案者の名前と議題内容を書いて使います。**

▷ 議題提案ボックスを設置する

　議題提案シートの書き方がわかるようになったら、議題提案ボックスを設置してみましょう。議題提案ボックスは、教師の代わりにいつでも議題を受け付けてくれる便利グッズです。

　いままでにみなさんも先輩に仕事のことを相談しようとしていたのになんだか忙しそうで、相談できずに終わってしまった経験はありませんか。

　大人同士でもそうなのに、子どもが教師に声をかけて相談するのはかなり勇気がいることです。普段から関係を築いている子ならできるかもしれませんが、引っ込み思案な子にとってはとてつもなく高い

ハードルです。だからこそ、いつでも相談を受け付けてくれる議題提案ボックスが役に立ちます。

　つくりかたは簡単で、コピー用紙などが入っていた段ボール箱に議題提案ボックスと書いた画用紙を貼り、ポストのように、入り口と後ろから取り出せる口をつくります。できあがったら教室の後ろに議題提案シートとともに設置します。

　いつでもシートを入れていいことと、勝手に議題提案ボックスの中身を見ないことを約束として最初に子どもたちに伝えておきます。

議題提案シート

「みんな聞いてよ！」議題提案シート
提案する人＿＿＿＿＿＿＿　提案した日＿＿＿月＿＿日
どんな内容ですか？　１つ選んで○で囲みましょう。
困っている・悩んでいる・助けてほしい・相談したい・アイデアがほしい・いいクラスにしたい・お知らせしたい・いい学校にしたい・その他
内容

\ **ポイント** /

● 議題提案シートで、議題を書く練習をしよう

● 議題提案ボックスの設置で、いつでも相談を受け付けられる

6

良い聞き方を練習する

▷▷ 良い聞き方の例を示す

　クラス会議をスムーズに進めるためにも、人の話を落ち着いて聞ける聞き方を練習します。最初に、「どんな聞き方が良い聞き方か」を教師がわかりやすく子どもに示すようにします。いろいろな良い聞き方があると思いますが、次の①～③はとくに大切にしたいものです。

＜良い聞き方の例＞

①ポジティブに聞く

　人の話に対して「いいね」など肯定的な反応を示します。人が話し終わったあとに、「それはちがうよ」などと否定的な発言をしないように気をつけます。

②最後まで話を聞く

　人が話しているときに割り込むなどしないようにします。

③聞いていることを態度でわかりやすく示す

　・発言者の方を見る

　・笑顔でにこにこしながら聞く

　・あいづちをうつ

　　※あいづち「あ・い・う・え・お」を教えて、一緒に練習する

　　　あ：ああー（納得する）　い：いいね（肯定する）　う：うんうん（共感する）　え：えー（驚く）　お：おぉー（反応する）

▷ 良い聞き方をペアワークで体験する

　良い聞き方を体感してもらうために、ペアで練習してみるのも効果的です。ペアの一人が最近うれしかったことの話をし、良い聞き方をしてもらうとどう感じるかを尋ねると、「ちゃんと話を聞いてもらえてうれしかった」などという言葉が子どもから自然と出るはずです。

　逆に、悪い聞き方も体感してもらうことで聞き方の重要性に気付いてもらうことができます。髪の毛や手先をいじりながらちゃんと聞いていない、目を合わせずにあいづちも一切しないという聞き方をペアの一人にやってもらいます。交代で行うとイヤな気持ちになったり、話しづらくなったりするということがお互いにわかるでしょう。

　聞き方は1、2回ですぐ身に付くものではないので、継続して繰り返し練習するようにします。

良い聞き方は話し合いを活発にする！

＼ ポイント ／
● 最後まで聞く、ポジティブに聞くなど良い聞き方の例を示す
● クラス全員の子どもが完璧にできていなくても良しとする

7

良い話し方を練習する

▷▷ 良い話し方を共有する

　聞き方を練習したあとには、話し方も練習します。最初に、「どんな話し方が良い話し方か」を子どもから出してもらいます。そのうえでルールをみんなで共有します。次の①〜④は良い話し方の例です。

＜良い話し方の例＞

①わかりやすい言葉で、自分の考えと理由を伝える

　できるだけわかりやすい言葉を使い、端的に自分の考えを伝えます。「なぜそう思ったのか？」という理由も伝えられると、みんなが納得しやすくなります。

②ポジティブに話す

　「○○するといいと思います」「○○するのはどうでしょうか」など提案する形で話すようにします。「絶対に○○がいい！」という断定的な言葉を使うと、ほかの人が意見を言いにくくなります。

③話していることを態度でわかりやすく示す

　　・みんなの方に顔をむける

　　・できるだけ笑顔でにこにこしながら話す

④反対意見を言うときは否定的な言葉を使わない

　「それはダメ」「絶対おかしい」「変だよ」など否定的な言葉を使わずに反対意見を述べます。

▷ ペアやグループで練習をする

　良い話し方を共有できたら、ペアやグループで練習を行います。

①テーマを子どもに伝える

　　教師：好きな給食は何かをとなりの人と話してみましょう。

②自分の考え・主張を述べる

　　子ども：好きな給食はやきそばです。理由は３つあって、

　　　　　　１つ目は、イカが入っているからです。

　　　　　　２つ目は、月に１回しかでないからです。

　　　　　　３つ目は、味が濃くておいしいからです。

③教師が振り返りをする

　　「理由が３つ言えた人？」「前回練習した良い聞き方で聞けた人？」
と問いかけます。その後１分間でお互いにフィードバックをします。

良い話し方は話し合いをスムーズにする！

＼ ポイント ／

● 自分の考えを述べる、理由を述べるなど話し方の基本を学ぶ

● ペアやグループで練習を行う

8 ホワイトボードを活用する

▷ 小さいグループで話し合いができる

　ホワイトボードにはさまざまな役割があります。

　まずは、小さいグループで話し合いができることです。解決策をまわりの人と話し合うときにホワイトボードがあると、ホワイトボードを囲んで輪をつくることができます。

　つまり、3〜6人の小グループで話し合いがしやすい状況を生み出せるのです。少人数だと話し合いに深く関与でき、より深い解決策が考えられます。

　また、話すのが苦手な子もホワイトボードがあれば自分の考えを書くことができます。そして、この話し合いのときに出た解決策をその場で記録しておけるというメリットもあります。

▷ 議題が増えても対応できる！

　それから、ホワイトボードがあれば、議題が多くなってきても対応できます。

　クラス会議の回数を重ねるごとに、出される議題が増え、対応しきれない議題がどんどんたまっていきました。そこでホワイトボードを使い始めると、たくさんの問題を一度に解決でき、とても便利でした。

実際の使い方としては、まず出された議題をすべて板書し、話し合いたい議題に自分のネームプレートを貼ります。その議題のグループごとにホワイトボードを配り、話し合いを始めます。

▷▷ クラス会議前にホワイトボードでゲームをしよう

　もし時間があれば、日頃からホワイトボードを使ったゲームを取り入れ、慣れておくようにします。たとえば国語の時間に「にんべんの付く漢字探し競争」、算数の時間に「計算記号競争」などができます。「計算記号競争」は、「7□3□2□4＝5」と板書し、班ごとに＋、－、×、÷を入れて考えます。早くとけた班の勝ちとなります。

　ホワイトボードを使うときのルールとしては、①書くのは1人1回で、交代する　②思いつかないときにはパスをしてもいい　③時計回りで、全員にペンが回るようにするなどを全員で確認しておきます。

話すのが苦手な子もホワイトボードで活躍できる

＼ ポイント ／

● 議題が増えてもホワイトボードで対応できる！

● 日頃からホワイトボードの活用に慣れておくようにしよう

第 **3** 章

クラス会議の
実際の進め方

① クラス会議は 5つのステップで進めよう

　クラス会議は基本的に４５分間で取り組みます。

　特別活動の時間などに週に１回行います。できるだけ定期的に行うことで、子どもたちも慣れていきます。

ステップ１
ハッピーサンキューナイス（１５分）

・机を端に寄せて、イスだけで輪をつくり座る

・一人ずつうれしかったこと、ありがとうと感じたこと、いいね！と思ったことをみんなに伝える

ステップ２　振り返り（５分）

・前回のクラス会議の議題が解決できたかをみんなで確認する

・解決できていないときは、もう一度話し合うか尋ねる

ステップ3　議題共有（5分）

・司会が議題を読みあげる

・黒板書記が黒板に議題を書く

・議題提案者がくわしく説明する

ステップ4　話し合い（15分）

・ペアやグループで話し合い、解決策をたくさん出し合う

・全員の前で解決策を発表して、集める

・全員で解決策を絞って決める

ステップ5　まとめ（5分）

・司会と副司会はみんなの良かったところを伝える

・時間がある場合には、一人ずつ感想を述べる

＼ ポイント ／

● クラス会議は5ステップで行う

● 週に1回、できるだけ継続して取り組む

② 場をあたためる！ ハッピーサンキューナイス

▷ 輪になると、話しやすい環境になる

　まず話しやすい環境にするために、机を端に寄せてイスだけで輪になります。輪になると、クラス全員の顔がよく見え、どんな服を着ていて、どんな表情で話を聞いているのかがよくわかります。

　また、輪になると中心から子どもまでの距離が等しくなるので、それによって平等を感じられるのもメリットです。最初は輪になるのも時間がかかるかもしれませんが、慣れてくると３分ぐらいでできるようになります。

▷ ハッピーサンキューナイスで、場をあたためる

　輪になったら、ハッピーサンキューナイスを行います。

　ハッピーサンキューナイスとは、みんなの前でうれしかったことなどを順番に発表していくアイスブレイクです。教室がポジティブな言葉であふれ、子どもの緊張が解け、あたたかい雰囲気になります。

　マイクの代わりにぬいぐるみを回し、話す順番が視覚的にわかるようにします。パスもありなので子どもは安心して取り組めます。

▷▷ ハッピーサンキューナイスとは？

＜ハッピー＞

　自分のうれしかった気持ちを発表する。

例）「○○さんがあいさつしてくれてうれしい」

＜サンキュー＞

　人にされたことで感謝したいことを伝える。家族や友人、先生や知り合いなど誰でもいい。

例）「○○さんがなくした消しゴムを探してくれた」

＜ナイス＞

　自分に直接関係のないことでも、クラスために動いている子を認める。ほかの友だちの良いところ探しにもつながる。

例）「○○さんはいつもゴミを拾ってキレイにしてくれる」

教室があたたまり、和やかな雰囲気になる！

＼ ポイント ／

● ハッピーサンキューナイスで、自己開示できる子を育てる

● ぬいぐるみを回すと話す人が視覚的にわかりやすくなる

③ 前回の確認をしよう！振り返り

▷▷ 解決策が有効だったかを確認する

　ハッピーサンキューナイスが終わったら、前回のクラス会議で決まった解決策が有効だったかを確認します。

　クラス全体の問題であれば、司会を中心に振り返ります。たとえば、「宿題ノートの出し方がぐちゃぐちゃでそろっていない」という議題だったら、宿題チェック係に「クラス会議以降、宿題ノートの出し方はどうでしたか？」と確認します。

　すると、宿題チェック係は「前より良くなっていました」もしくは「あまり変わっていないです」という評価をします。

　前より良くなって解決した場合には、次の議題へ移ります。解決策は継続します。前と変わらず解決していない場合には、再度話し合うかどうかを決めます（もう少し様子を見るという選択肢もあります）。**「クラス全員で問題を共有する」「解決策をきちんと実行する」ということができていれば、クラス全員が何とか解決しようと働きかけている状態なので、前より良くなっていることがほとんどです。**

　解決できていないのは、この「共有」か「実行」のどちらかが欠けているか、もともと問題を解決しようとしておらず、全員の問題意識が低いことなどが考えられます。

▷ 議題が「個人の悩み」の場合の振り返り方

　議題が「個人の悩み」の場合には、議題を出した子にまず立ってもらい、議題と解決策が有効だったかを振り返ってもらいます。慣れるまでは、「私は○○○という議題を出しました。△△△という解決策を実行したら無事に解決しました（解決しませんでした）」というような定型文を使うとスムーズに報告できます。

　議題を出した子から、「みんなのおかげで解決できました！」とうれしそうに報告されたときには、子どもたち全員の自信につながりました。

　解決できなかったときには、議題を出した子に「どうして解決しなかったと思う？」と尋ねるとその子なりの答えが出てくるはずです。それをもとにもう一度話し合いをすることもできます。

振り返りで成長を実感できる！

＼ ポイント ／
● 解決策の振り返りで、多くの場合は前回からの成長を実感できる
● 解決策ありきではなく、問題を共有することが解決への第一歩

4 みんなで共有しよう！ 議題共有

▷▷ 全員で悩みを共有する

　前回の振り返りが終わったら、いよいよ今回の議題の共有です。これは、全員で議題を共有し、クラスの中に困っている人がいることを知るためのものです。全員で話し合うためのスタートラインに立つことが大切だからです。

　誰がどんなことで困っているのかを全員が知ることから話し合いが始まります。議題についての長い解説は不要ですが、もしも詳細が伝わりづらいときにはロールプレイで場面を再現します。「何が起こって、誰がどんな気持ちになっているのか」を子どもが理解できるようにしましょう。

▷▷ 議題の共有方法と進め方

　子どもたちだけで進行する場合には、まず今日の議題を司会が読みあげる→黒板書記が板書する→司会が議題提案者にくわしい説明を促す→議題提案者が説明する→全員が理解できたか司会が確認するというのが基本的な流れです。次に示すのは一例です。

　司会：今日の議題は、「給食のときにクラスが騒がしいこと」です。
　黒板書記：（板書する）

司会：○○さん（議題提案者）はなぜこの議題を出したのか説明してください。

議題提案者：給食のときに話すのはいいですが、げっぷをしたり、大きな声で下品なことを言ったりする男子がいて困っています。

司会：質問はありますか？

子どもＡ：どういう下品なことを言うのですか？

議題提案者：うんことかちんちんです。聞いていて気持ち悪くなります。

教師：では騒がしいことについて話しますか？　それとも下品なことを言うことについて話しますか？

議題提案者：うーん……、下品なことかな。

司会：では下品なことを言わなくするにはどうしたらよいかを話し合います。

議題を共有するところから話し合いは始まる！

＼ ポイント ／

● 全員が問題を共有できるよう、教師がサポートすることも必要

● 質問によって議題提案者の本当の悩みが出てくることもある

5 板書で話し合いを見える化する

▷▷ 議題内容を子どもに尋ねてから板書する

　議題を板書する際に、そのまま書くのではなく、議題提案シートを読みあげたあとに子どもに尋ねてから書くようにします。そうすることで、子どもが議題を正確に理解できるからです。議題の意味がわからない、何の話かわからない子がいては困るので、全員にわかるようにします。

　板書のときに、「なんて書くといいかな？」と子どもたちに尋ねます。すると、「こういうことじゃない？」と議題を理解できた子が発言し始めます。それを受けて議題提案者がくわしく説明をします。このように議題の内容を尋ねると、**子どもが何に困っているかが具体的にわかり、話し合いの焦点が明確になります**。

＜議題提案シート→板書の例＞

議題提案シート：先生がいないときにクラスが騒がしい。勉強に集中したい人もいるから静かにしてほしい。

↓

実際の板書：先生がいないときでもクラスが静かになるにはどうしたらいいか。

▷ 会議の内容を見える化する

　会議の内容は黒板に書いて見える化させます。そうすることで、一度聞いただけでは理解できない子や、後から見直してもう一度考えたい子のサポートになります。話し合いがどう進んでいるのかを教師自身が把握することもできます。

　黒板には下のイラストのように議題を書いたあとに解決策を続けて書きます。どんどん解決策が出るので、左に書き足していきます。

　ほかにも、たとえば「トイレのスリッパがそろっていない」という議題だったら、その状態の写真を黒板に貼って見える化することができます。

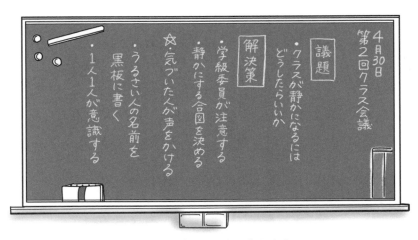

板書で話し合いを見える化しよう

＼ ポイント ／

● 議題を子どもに尋ね、話し合いの焦点を明確にする

● 板書は話し合いを促進させるツールで、見える化にも一役買う

6

解決策を考える！話し合い

▷▷ 3段階で話し合いを進める

　議題の共有ができたら話し合いにつなげていきます。主に司会がその場を仕切って進められるようにします。もしも子どもだけで進行するのが難しい場合には最初のうちは教師主導で進めます。

　話し合いの流れは、解決策を出し合う、集める、決めるの3段階です。

まわりの人と解決策を出し合う（5分）

全員で解決策を集める（5分）

全員で解決策を絞って決める（5分）

▷ まわりの人と解決策を出し合う

　いきなりみんなの前で解決策を発表することは難しいので、まずはまわりの人と話し合う時間を設けます。この時間の役割は、解決策を一緒に考える以外にもいくつかあります。たとえば、わからないことを質問したり、自信のない友だちを励ましたり、一人で考えている友だちに声をかけたりすることなどができます。

　司会は議題と時間を示し、話し合いを促します。時間は2分間が目安です。

　同時に黒板に「出し合う」と書かれたプレートを貼ります。こうすることで、いまは何をする時間かわからない子の割合が減ります。

　司会：今日は「給食のときに下品なことを言う人がいて困る」ということについて話し合います。まずはまわりの人と、2分間話し合ってみてください。

まわりの人と相談することで考えを言語化できる！

▷▷ 全員で解決策を集める

　まわりの人と話し合えたら、司会から声がけをし、解決策を集める作業に移ります。同時に「集める」と書かれたプレートを黒板に貼ります。このときに大切なのは、できるだけたくさんの解決策を集めることです。たくさんの解決策が出ると似たようなものも出てきますが、似た意見や同じ意見でも良しとします。

　司会：それでは話し合った解決策を発表してください。
　子どもＡ：注意するといいと思います！
　子どもＢ：黒板に名前を書く！
　子どもＣ：先生に知らせるのはどうかな？
　子どもＤ：近くにいる人が教えてあげる！
　子どもＥ：困っている人がいるよって伝える！
　司会：たくさん出ていいですね。ほかにもありますか？……

できるだけたくさんの解決策を出そう！

▷▷ 全員で解決策を絞って決める

　たくさんの解決策が出たら、絞って決める作業に移ります。同時に「決める」と書かれたプレートを黒板に貼ります。

＜議題がクラス全体の問題のとき＞　多数決で決めます。全部の解決策のうち、「いいなと思った解決策に１人３回手を挙げる」とすると効果的です。なぜなら１人１回のときよりも選ばれた解決策に関わっている確率が高まるので結果に納得する子どもが増えるからです。また、１つに絞らなくていいので、心理的プレッシャーも少ないというメリットもあります。解決策がいくつかに絞れたら、今回はどれを実行するか、１つに決めます。

＜議題が個人の問題のとき＞　絞られた中から議題提案者が「○○○という解決策をやってみたいと思います」と解決策を選びます。そして、解決策を実行してもらいます。

多数決で解決策を絞る！

＼ ポイント ／

● 解決策のアイデア出しは質よりも量だと伝えておく

● ３回挙手にすると、決まった解決策に関わっている確率が高まる

7

教師は待てるようになろう

▷▷ 「時間内に終わらせたい」は教師の都合

　いざクラス会議を始めてみると、最初のうちは予定通りに進まずイライラしてしまうこともあるかもしれません。輪になるのに５分以上かかる、前回の振り返りが１０分以上かかる、など……。

　しかし、子どもたちができるようになるまで待てる教師になりましょう。なぜなら「５分で輪をつくる」「時間内に終わらせたい」というのは教師の勝手な都合だからです。教師の都合や理想を押しつけないようにします。

▷▷ ひたすら観察して待ち、良いところを発見しよう

　時間ばかりを気にしているとイライラしてしまうので、子どもをひたすら観察して良いところを見つけて待ちましょう。

　なかなか座るところを見つけられない子に優しく声をかけているあの子。友だちが輪に入るスペースを確保するために、イスを動かしている子。そんな良いところをすぐに認めてフィードバックすると、どんどん良い動きをする子が現れ、驚くほど準備の時間が短くなります。

▷ 子どもの成長した部分を評価する

とはいっても、いつまでたっても時間がかかるようでは困ります。

時間内にできるようになっていくためには、毎回のクラス会議後に教師が成長した部分を評価することです。

「前回は輪をつくるのに１０分かかったけれど、今回は８分でできたね！　すごく早くなってるね！」と前回よりもできるようになったことを認めてフィードバックします。

もしも教師から「なんで８分もかかるの。早くしなさい！」と言われたら、子どものモチベーションは下がる一方です。

前回より少しでも良くなったことを評価して、子どもに伝える。

すると、子どもは「次回はもっとがんばろう！」と思えるようになり、前向きに取り組めるようになります。

子どもの成長を待てるようになろう！

＼ ポイント ／

● 待つのは子どもの可能性を信じること

● 成長した部分を評価して、レベルアップを目指そう

8 振り返りをしよう！まとめ

▷ 話し合いの感想を共有する

　最後に話し合いを終えて感じたことを議題提案者から振り返ります。

　議題提案者は自分の感情にフォーカスすることで、すっきりした気持ちやみんなに話したことで良かったことに気が付くようになります。その気持ちを聞いたまわりの子どもも、困ったときに誰かに相談すると良いことがあることに気が付き、徐々に相談（議題提案）が増えていきます。

▷ 司会、黒板書記などの各役割の振り返り

　司会としてどうだったか、黒板書記としてどうだったかというように各役割の振り返りも行います。以下の点をチェックします。

＜司会として＞
☑　うまく進行することができた
☑　時間配分に気を付けることができた
☑　全体を見て進行できた

＜黒板書記として＞

☑ わかりやすくきれいに書くことができた

☑ 必要なことを抜き出して書けた

☑ あとから見てもわかる板書になっていた

▷ 時間があれば全員で振り返りをしよう

　時間があるときは、全員が一人一言ずつ感想を言います。自分が前向きに参加できたかどうか、人を責める発言はなかったか、議題と関係ない話をしていなかったかなどを述べてもらいます。

　「今日のクラス会議について一言感想を言おう」などとフリートークで振り返るときもあれば、「今日のクラス会議を１００点満点で点をつけるとすると何点か」などのテーマを教師から提案して振り返ることもできます。

振り返りで、クラスや自分の変化に気付ける！

＼ ポイント ／

● **クラス会議前後で、自分の気持ちの変化に気付くことができる**

● **振り返りをするからこそ、次のクラス会議に活かしていける**

第**4**章

クラス会議の
実践事例

① 学芸会の出し物を みんなで考える！

第15回クラス会議（3年生）

議題	学芸会で何をやるか
子どもから出た 解決策	・劇の台本は先生が考える ・途中のダンスは自分たちで考えたい ・やれることは自分たちでやりたい

▷ 学芸会の劇のアイデアが子どもたちから出る！

　学芸会の劇では台本選びから始まり、衣装、音楽、小道具、背景、舞台装置、演劇練習、スポットライト、予算のことなどすべて教師が決めなくてはなりません。

　イチから考えないといけないので、自分一人では無理だと思っていました。しかし、そんなときに有効だったのが、クラス会議でした。

　「学芸会で何をやるか」という議題のもと、まずは、おもしろくて人を笑わせる劇がやりたい、台本は先生に考えてほしいと意見が出て、絵本の「あいさつ団長」を劇にすることになりました。

　次に「1人予算300円」と決め、衣装カタログを子どもたちに渡して話し合ってもらいました。すると、「不織布をこう使おう！」と

か「これは家から持ってこられる！」などたくさんのアイデアが出て
きました。

　そのうち、衣装だけでなく小道具についても、お互いにアドバイス
し合って良いものをつくろうとしていました。子どもたちにたくさん
の学芸会のテーマを投げかけたことで、教師一人だけでは思いつかな
かったようなユニークな発想もたくさん出てきました。学芸会の具体
的なイメージが湧いてきました。

▷▷ ダンス選びも自分でできるもん！

　学芸会の劇の詳細が決まったあとに、劇の間に３種類のダンスを入
れることになりました。曲は私が決めましたが、ダンスのジャンルは
子どもたちに任せました。

　ダンスは、運動会で踊ったダンス、U.S.A.のダンス、オリジナル
ダンスに決まりました。それぞれ難易度もちがうので、子どもたちは
自分に合ったダンスを選び、練習することができました。

　ダンスの内容を子どもたちに任せることで、子どもたちは積極的に
動き出し、教師が介入することはありませんでした。

　当日は大成功で、みんながとても楽しそうにダンスをしていまし
た。他の学年の子どもたちから「すごい！！」と声があがるほどでし
た。教師が考えたダンスではこのような結果にならなかったと思いま
す。

　クラス会議で自分たちでダンスを決めたり考えたりしたため、子ど
もたちも満足のいく笑顔あふれる学芸会になりました。

2

電車の話ばかりする
友だちと仲直り！

第25回クラス会議（4年生）

議題	まさるくんが話に割り込んで自分の好きな電車の話ばかりする
子どもから出た解決策	・「いま電車の話をしていい？」と相手に尋ね、許可がもらえたときだけ話す ・ツバがとばないようにハンカチを持って話す

▷▷ 電車の話ばかりするまさるくんの問題

　クラスにまさるくんという男の子がいました。まさるくんは、話に割り込んで自分の好きな電車の話を延々としたり、話すときにツバが出てしまったりしていました。そんな彼のことをクラスのみんなは少しずつ遠ざけるようになっていき、この状況を変えないといけないと思っていました。

　ある日、こうじくんから「まさるくんが自分の好きな電車の話ばかりしたり、話をするときにツバが飛んだりして困る」ことがクラス会議の議題としてあがりました。ほかにも同様に困っている子がいて、何人かが同じ悩みを打ち明けました。

一方、まさるくんにも言い分があって、「話に夢中になってしまうとツバが出てしまう。気を付けているけどなかなか直せない。友だちを遊びに誘っても断られることがあって悲しい思いをしている」ということをみんなに伝えました。

　お互いの気持ちを打ち明け合うのは非常に良かったのですが、クラスが少し不穏な雰囲気になり、正直なところ心配になりました。

▷▷ 2つの解決方法が見つかる！

　クラス会議で、「どうしたらこの問題を解決できるのか」をみんなで考えました。すると、「電車の話を聞いてもいいときとイヤなときがある」、「暇なときはいいけれど、話に割り込んで電車の話をされても困る」という声が子どもたちからあがりました。まさるくんはそのみんなの気持ちを理解しました。

　その後、みんなからは「電車の話をしてもいいときかどうかをまさるくんが相手に尋ねる」という解決策が出ました。まさるくんからは「ツバを飛ばさないようにハンカチを持って話す」という解決策が出て、その2つに決まりました。

　解決策が決まったあとに様子を見ていると、まさるくん自身も気を付けているのがとてもよくわかりました。

　話し始める前に「いま電車のことを話してもいい？」と許可をとっていたり、ハンカチを持って話すようにしたりしていました。

　議題を出したこうじくんも「いまは大丈夫だよ」と答えたり、無理なときには「いまは無理だよ」とちゃんと自分の状況を伝えられたりするようになりました。

　お互いの気持ちをきちんと伝え合い、解決までたどりつく姿を見て、やはり子どもたちの力はすごいものだと感じました。

3 キャンプの班を 自分たちで決めたい！

第10回クラス会議（5年生）

議題	キャンプの班決めをどうするか
子どもから出た 解決策	・自分たちで決める ・先生が決める ・男子だけ・女子だけを自分たちで決める

▷ キャンプの班決めは大イベント！

　5年生のメイン行事にキャンプがあります。キャンプの数ヵ月前から子どもたちは楽しみにしており、そわそわし始めます。その中でもとくに班決めは子どもたちにとって大イベントです。2泊3日の旅がどうなるかは班のメンバーで決まるといっても過言ではないからです。

　5年生を複数回担任している経験からすると、キャンプの班決めのときは必ずと言っていいほどもめごとが起こります。「〇〇ちゃんと一緒になりたかった〜」と言って泣き出す子がいたり、「絶対にこの子とはイヤ！」と意固地になったりする子もいます。その微妙な空気を引きずったままキャンプに突入して、終始気まずい雰囲気が漂っていた年もありました。

▷ クラス会議で班決めのルールを決める

　ある年、そろそろ班を決めようかなと思っていたタイミングで、ある子から「先生、自分たちで班を決めさせてよ」と提案がありました。

　「そうか。自分たちで決めたいんだね」と言って、班決めを子どもたちに任せることにしました。しかし、すべてお任せではまたもめごとが発生するのではと思い、あらかじめクラス会議でルールを決めることを提案しました。ルールについて話し合うと、

　　①３０分間で決める

　　②すべて自分の思い通りにしない

　　③一人ぼっちになる子を出さない

　　④みんながイヤな思いをしない

の４つが挙がりました。

　私からは「もしこのルールが守られなければ先生が班を決める」という約束をしました。

▷ ルールを守りながら進めていく子どもたち

　そして、ルールを板書して、いよいよ班決めが始まりましたが、それは見事なものでした。いろいろな子に声をかけたり、イヤな思いをしている子がいないかを見守ったりしている子どもたちの姿が見られました。自分たちで進めるからには、責任をもって、ルールを守りながら決めようとしていたのです。その結果、全員が納得いく形で班を無事に決めることができました。

　もちろんキャンプ中にもいろいろな問題が起こりましたが、クラス会議での経験を活かし、声をかけ合いながらなんとか困難を乗り越えていくことができました。そんな子どもたちの姿を見て、「自分たちで決める・責任をもつ」という経験をクラス会議でやっておいて良かったなと心から感じました。

4

休みがちな子が
学校に来られるように！

第18回クラス会議（5年生）

議題	しずかさんが給食をイヤがり学校を休みがち。どうしたら学校に来られるか
子どもから出た解決策	・給食の量を減らす ・保健室で給食を食べる ・お弁当を持ってくる

▷▷ 給食が原因で学校がイヤになった女の子

　クラスにしずかさんというとても元気で明るい女の子がいました。いつもにこにこ明るくしており、友だち関係も全く問題ありませんでした。

　しかし夏休み明けから休みがちになり、学校に来たり来なかったりを繰り返すようになりました。保護者に連れて来られても、校門の所で泣いて学校に入るのを拒むこともありました。

　本人に理由を尋ねると、給食のときに気持ち悪くなるので学校に来るのがイヤとのことでした。そこで給食の量を減らしてみたり、保健室で食べたりといろいろ配慮してみましたが、それでも休みがちなままでした。

▷▷ 1回目のクラス会議だけでは解決せず

　仲良しのめぐみさんが「どうしたらしずかさんが給食をイヤがらず、学校に来られるようになるか」という議題をクラス会議に出しました。

　「給食のときの男子のゲップのせいだ！」という声があがり、解決策は「ゲップは後ろを向いてするか教室から出てする」などたくさんの解決策が出ました。

　解決策を１つに絞ることができなかったため、その日は「先生はみんながこうやって一生懸命に考えてくれたことがうれしい」と伝え、クラス会議を終了しました。そしてそのときの板書を写真に撮り、しずかさんに渡しました。

▷▷ 2回目のクラス会議で解決

　１回目のクラス会議から１ヵ月後、しずかさんがたまたま教室に来ることができていたので様子をうかがっていました。

　すると「どうしたら給食が食べられるようになるか？」という議題をしずかさんから出してきました。しずかさんがみんなの前で正直な気持ちを話しました。

　そのときに出た解決策は「お弁当を持ってくる」「給食の量を減らしても良い」「保健室で食べる」といったものでした。本人は「お弁当を持ってくるのが良いと思いました」と発表して終わりました。

　驚いたのはそれからです。次の日からは何事もなかったように、朝から登校し給食もみんなと一緒に普通に食べていたのです。

　みんなに悩みを打ち明けることで気持ちがラクになったようで、いきなり解決してしまったのです。根本的な解決策が出たわけではありませんでしたが、打ち明けたことで不思議と学校に来られるようになりました。

5

クラス会議の実際の記録

クラス会議の実際の様子がみなさんにわかるように、実際の記録を以下にまとめました。

第2回クラス会議（2年生）

時間	話者	発話内容
導入（15分）	教師	ではクラス会議を始めます。 まずは机を端に寄せて、イスだけで輪になりましょう。
	子ども全員	はーーーーい！
	教師	準備はいいですか？　前回は5分で輪になれました。今日は何分でできるかな？
	子ども1	4分！
	教師	では4分でチャレンジしてみよう。用意スタート！ （4分かけて輪をつくる）
	教師	見事4分で達成しました！！（拍手） さとしくんは友だちの机を運んでくれていたね。 まいさんはあそこが空いているって教えてくれていたね。

		①ハッピーサンキューナイス
	教師	では、ハッピーサンキューナイスを始めます。
	子ども2	昨日えみちゃんと遊べて楽しかったです。
	子ども3	お母さん、おいしいご飯をつくってくれてありがとう。
		（子どもたちの発表が続く）
展開（25分）		②振り返り
	教師	先週の議題の振り返りをするよ。
		先週はあつきくんからの議題で「よしゆきくんがブランコを代わってくれない」という議題だったね。
		あつきくん、みんなにその後どうなったか伝えて。
	あつきくん	代わってと言ったら代わってくれるようになりました。
	教師	それは良かったね。よしゆきくん、代わってくれてありがとう。成長しましたね。
		③議題共有
	教師	では、今週の議題を読みあげるよ。
		「給食のお皿にご飯つぶがたくさんついている」という議題です。これを出してくれたのはまみさんだね。もう少し詳しく教えて。
	まみさん	私は給食係なんですが、いつも「お皿をきれいにしてね」と言っているのに、ご飯つぶがたくさんついたまま返す人がいて困っています。配膳員さんも悲しそうな顔をしています。
	教師	まみさんに何か質問はありますか？
	子ども4	いつも汚いのは何人ぐらいですか？

	まみさん	5人ぐらいです。
	子ども5	それは誰ですか？
	教師	今日は犯人探しをするのが目的じゃないから、誰かは言わなくて大丈夫だよ。
	まみさん	わかりました。
	教師	5人の人は自分でわかっていると思うから、次からきれいにできるといいね。
		④話し合い
	教師	では、今日は「給食のお皿をどうしたらきれいに返せるか」について話し合います。 まずは2分、まわりの人との相談タイムをとります。 （2分後）
	教師	では思いついた解決策を発表してください。 前の人と同じ意見でも、「同じです」ではなく自分の言葉で言えるといいね。
	子ども6	となりの人同士チェックする！
	子ども7	きれいに食べようと意識する！
	子ども8	先生にチェックしてもらう！
	子ども9	班ごとに集めてお皿を返す！
	子ども10	給食係に見せる！
	教師	出た意見の中で、意味がわからないものや質問したいものはありますか？ （質問タイムを適宜とる）
まとめ（5分）	教師	**⑤まとめ** 今回はクラス全体に関わる議題なので、多数決をとります。

		これをやればきれいになると思うもの3つに手を挙げてください。
		（多数決をする）
		では今回は「となりの人同士チェックする」という解決策に決まりました。まみさん、話し合いの感想をみんなに伝えてください。
	まみさん	これで次からきれいになると思います。話し合って良かったです。
	教師	今日はまみさんが初めて議題を出してくれました。
		クラスを良くしていきたいという気持ちや、配膳員さんが悲しがっていることをみんなに伝えてくれてありがとう。今日決まった方法をみんなでやっていきましょう。
		みんなが一生懸命考えていたのもうれしかったです。
		来週もやってみようと思うから、今日ハッピーサンキューナイスを思いつかなかった人も、1週間あるので見つけておけるといいね。
		今日はまだ時間があるので、一人ずつ感想を言って終わりにしましょう。
	子ども11	みんなで決められたのが良かった。
	子ども12	考える時間が少なかった〜。
	子ども13	今日から気を付ける！
		・ ・ ・
	教師	これで第2回クラス会議を終わります。

第 **5** 章

こんなとき
どうする？
Q & A

クラス会議が
うまくいかない

▷ スモールステップで乗り越える

　もしうまくいかなかった場合、原因をつきとめ、スモールステップで乗り越えるという方法が考えられます。たとえば、

・みんなで輪になって座れない　→　４人で輪になる練習をしてみる

・まったく議題が出ない　→　議題を出す練習をしてみる

・議題が伝わらない　　　→　ロールプレイで全員がわかるようにする

・解決策が出せない　→　簡単な議題を教師が準備して練習する
　　　　　　　　　　　　　　翌週もう一度話し合う

といったようにうまくいかなかったステップごとにレベルを下げて取り組みましょう。

▷ ポジティブな議題で練習してみる

　ポジティブな議題で練習してみるというのも方法です。たとえば、

・次のお楽しみ会は何をするか

・調理実習で何をつくってみたいか

・雨の日に教室で楽しく遊ぶためにはどうしたらいいか

・ＰＣ室を１時間自由に使えるとしたら何をしたいか

・丸一日遊べるとしたらどんな遊びをしたいか

などポジティブな議題にすると、子どもは話しやすくなります。

　ポジティブな議題を解決するという、小さな成功体験をたくさん積むことが自己肯定感を醸成します。

　一つ議題を解決できたら、少しだけ高い議題に挑戦する。これを繰り返すことで、気付いたらいろいろなことができるようになっていたというのが理想的です。

▷▷ 教師の悩みを議題にして練習してみる

　教師の悩みを議題にして練習してみるという方法もあります。

　「先生はこういうことに困っている」と素直に打ち明けると、意外な答えが返ってきたり、解決策が見つかったりすることがあります。

　先生もいろいろなことで悩んでいるんだ、困っているんだという気持ちを打ち明け、みんなの力が必要だと呼びかけてみます。

　たとえば、「先生、最近夜よく眠れなくてさあ」と相談してみます。すると、子どもたちから、解決に向けたたくさんのアイデアをもらうことができます。

　私のクラスで行ったときには、「部屋を真っ暗にして寝る」「寝る前にスマホをいじらない」「昼間にぼくたちと思いっきりサッカーをする」といったアイデアが出ました。

▷▷ 「なぜうまくいかなかったのか？」を議題にする

　クラス会議の良さは、困っていることはすべて議題にできることです。話し合うことで解決への糸口を見つけられます。

　なので、「なぜ前回のクラス会議はうまくいかなかったのか？」というのも議題にすることができます。うまくいかなかった原因を子どもたちが考え直すことで、より良いクラス会議になっていきます。

議題がうまく解決しない

▷▷ 話し合いが成立していない場合

　議題がうまく解決しない原因は、次のうちどちらかのパターンが考えられます。

　①そもそも話し合いが成立しておらず、解決策までたどり着けない
　②解決策が難しく、実行することができない

　①の場合は、まず話し合いを成立させられるようにします。いままで話し合って解決できた経験がない子には、話し合うことさえもハードルが高い可能性があります。そんなときは、人数や議題のハードルを低くします。

　人数のハードルを下げるには、「３０人で話し合うのが難しい」場合は、「４、５人の小グループで話し合う」という方法があります。

　議題のハードルを下げるには、「忘れ物をゼロにする方法」という議題を、「明日の算数の持ち物を全員が持ってくる方法」に変えることなどができます。ほかにも「嫌いなものを食べられるようになるには？」を「嫌いなものを減らすには？」に変えることでもハードルは下がります。

　このように、いきなり難易度の高い議題を完璧にクリアすることを目指すのではなく、一つずつ現状から前進できるようにするための方

法を話し合うのがポイントです。

▷▷ 解決策が難しく、実行できない場合

　②については、やってみたら難しくて実行できなかった解決策を簡単なものに改善した例を紹介します。

　「学校全体のあいさつの声が小さいがどうしたらいいか」という議題が出たときのことです。最初、子どもたちからは、「あいさつカードをつくり、全校に配る」という解決策が出て、それに決まりました。

　しかし、いざカードをつくり出すと「1・2年生はあいさつカードの漢字が読めないからどうすればいいのか」など、細かい問題がたくさん出てきてしまい、しばらくするとカードをつくるのをあきらめてしまう子どもも出てきました。

　クラス会議のときには、「みんなでカードをつくろう！」とやる気にあふれていたのですが、いざ取り組むと、実行が難しいことに気が付いたのです。

　そこで再度話し合い、みんなで考え直したところ、「まずは自分たちが昇降口に立ってあいさつをしよう」という新たな解決策が出てきました。クラスを5つのグループに分けて、月曜から金曜までの担当を決めて6人ずつ、早く学校に来た人からあいさつ運動のタスキをかけて、昇降口に立ちました。

　最初は恥ずかしそうにあいさつしていた子どもたちでしたが、徐々に大きな声であいさつをするようになり、その声は少しずつ全校に広がっていきました。その後、校長先生から「3年生、ありがとう！」と感謝の言葉をもらい、子どもたちは大満足の表情でした。

　実行が難しかった解決策を修正して、実行可能な簡単な解決策に子どもたち自身で変えられたことで、議題をうまく解決することができました。

時間内に終わらない

▷▷ あらかじめ時間を提示する

　子どもたちが一生懸命に話し合っている様子を見て、止められなくなり時間を延長してしまう。すると次の時間の授業が潰れてしまう。これはあまり良くありません。

　これを防ぐには、あらかじめ時間を提示することです。タイマーを使うのも効果的です。たとえば、「今日話し合いに使えるのは３５分です」と事前に知らせておき、延びた場合には翌週以降に持ち越します。

　終わりの時間が決まっていれば、全員で間に合わせようとします。どうしても話し合いが終わらない場合には、翌週もう一度話しあったり、自分はどう思うかをノートに書いてきてもらったりすることで対応します。

▷▷ 何分あればできそうかを尋ねる

　PA（プロジェクト・アドベンチャー）（アメリカで開発された体験学習をベースにした教育プログラム）の考え方の一つにチャレンジ・バイ・チョイスというものがあります。人に強制されるものは挑戦ではないと捉え、自己選択と自己決定によって実行されるものが挑戦と

考えるものです。

　この考え方に従うと、クラス会議への挑戦には、自己選択と自己決定が必要になります。選択権は子どもにあり、子どもが自分たちで選んだと思える声がけを教師がしていくことが大切です。また決定権も同様で、自分たちで決めたと思えることが大事なのです。

　ではこれを実現させるために、教師からどんな声がけをすれば良いかというと、具体的には次のようになります。

　教師：この問題は先生が解決する？　自分たちで解決する？

　子ども：自分たちでやりたい！（自己選択）

　教師：自分たちでちゃんと話し合うことができそうかな？

　子ども：う〜ん……。たぶんできそう！（自己決定）

　教師：何分あればできそうかな？

　子ども：う〜ん。３０分ぐらいあれば何とかなるかな。（自己決定）

　教師：よし、では３０分でやってみよう！

といった具合に、自己選択と自己決定をできるようにします。

▷ 完全に任せると意欲的になる

　完全に任せると意欲的になる場合もあります。

　たとえば家事の料理でも、相手から先に「今日はパスタとサラダをつくってね」と言われるとなかなかやる気が出ません。「今日は自由につくってね」と言われるほうがやる気が湧いて積極的に取り組もうとします。選択や決定が中途半端ではなく、完全に任せられるからこそ、「よし、やるぞ！」という前向きな気持ちになれるのです。

　同じ理由で、教師から「今日のクラス会議は任せるね」と言われれば、子どもは自分たちで何でもできると考え、時間を意識するようになり、意欲的にクラス会議に取り組みます。すると、クラス会議は延長することなく、きちんと終わるようになっていきます。

解決策が明らかに まちがっている

▷▷ まちがっていてもまずは見守る

　子ども同士で解決策を決めるときに、必ずしもベストな解決策に決まるわけではありません。ときには、「ちょっとその解決策はイマイチなんじゃないかな……。大丈夫かな」と教師が心配になるようなこともあるかもしれません。

　しかし、子どもが良いと思った解決策や子どもの考えをはなから否定してしまうと、次から話し合う意欲をなくしてしまいます。

　職員会議で散々話し合って決めたのに、校長の一声でひっくり返されたらどう感じるでしょうか？　それと同じことを教師がしてはいけません。

　人を傷つけたり、明らかに他のクラスに迷惑をかけたりする解決策の場合を除いて、まずはどんな解決策になってもあたたかく見守る姿勢を大切にしてください。

▷▷ 最初から最高の答えにたどり着けるわけではない

　あなたは人生で一度もまちがえた選択をしたことはないですか。

　きっとそんな人はいないと思います。誰でもまちがえて、痛い思いや悲しい思いをしたからこそ身をもって学べたのではないでしょうか。

子どもも同じで、「それはまちがっているよ」と教師が伝えても、子どもが実際にやってみなければわからないことはたくさんあります。

　やってみてまちがえたからこそ、わかることもたくさんあるのです。今度はうまくいくようにしようと、より真剣に考えます。最初から教師がまちがいを排除してしまえば、子どもはつまづくことなくスムーズに進めるかもしれません。けれどもそれで本当に子どもたちのためになった、子どもたちの力が身に付いたと言えるのでしょうか。

　多少のまちがいや少しずれているなと思うことでも、まずは子どもに挑戦させてあげてください。翌週、「残念〜、うまくいかなかったね。でも、どうしたらいいのかをまた考えよう！」と子どもが前向きに報告するときのことをイメージして、気長に待ってほしいと思います。

▷▷ 罰を与えることは解決にならない

　一番やってはいけないのは、解決策がまちがっていたからといって、罰を与えることです。それでは何の解決にもなりません。

　普段から罰を与えていると、「先生に怒られるのがイヤだ。また罰が与えられる」と子どもが恐怖心を抱き、「先生に怒られないようにしよう」という誤った動機付けになってしまいます。

　宿題を忘れた子に次の日に倍の量をやってくることを命じたり、掃除をしない子に放課後残ってやりなさいと言ったりするのも罰です。

　そういう子には、「これからどうしますか？」と問いかけてみてください。「明日は宿題を持ってきます」「次回から掃除を一生懸命やります」などと答えると思いますので、子どもの気持ちをまずは確認しましょう。

クラス会議を やりたがらない子が いる

▷▷ 子どもがワクワクするプレゼンを行う

　教師がクラス会議を知り、意気揚々と教室に持ち込む。これですべてうまくいくとばかりに「さあ始めるよ！」といきなりクラス会議を始める。しかし、「クラス会議をやりたくない」という子が出てしまう……。これは、教師のテンションに子どもが付いていけてないことが原因だと考えられます。

　なぜクラス会議が必要なのか。その理由と意義をきちんと伝えていますか？

　１年生だからまだわからないかも……。ではなく、１年生でもわかるように伝える方法を考えるのが教師の仕事です。

　丁寧に説明をしたり、ワクワクするようなプレゼンをしてみて、「子どもがやってみたい！」と思えるようにすることが大切です。

▷▷ 普段の教師と子どもの関係が試されている

　クラス会議の説明を聞いた子どもたちが、「何だかよくわからないけどやってみよう！！」と思えるのか。「何だかよくわからないからやめておこう」となるのか。ある意味、普段の教師と子どもたちの関係が試されているのかもしれません。

普段から大切にされていると感じている子どもたちは、先生の発信を大切に受け取ってくれます。逆にないがしろにされていると感じている子どもたちは、先生の発信に対してもないがしろにします。これを「返報性の法則」と言います。

　普段から子どもたちを大切にしていれば、「クラス会議をやってみたい」という子が増えていくはずです。

▷ 学びの機会は平等に与えられるべき

　「問題が起きたときに、先生が解決するクラスと自分たちで解決するクラスのどちらがいい?」と、毎年1回目のクラス会議を始めるときに質問しています。ほとんどの場合、「自分たちで解決するクラス!」と答えます。つまり子どもたちは、やれるのであれば自分たちでなんとかしたいと考えているのです。

　「やりたくない」という子は、もしかしたらいままでに、「問題を自分で解決できた!」という経験をあまりしてきていないのかもしれません。しかし、そのまま大人になってしまってはなおさら経験を積む機会は減ってしまいます。

　すべての子どもに学びの機会は平等に与えられるべきであり、問題解決の機会や他者と話し合うスキルを身に付ける機会も平等に経験すべきです。

　だからこそ、最初はクラス会議に乗り気ではなくても、「クラス会議をちょっとだけやってみない?　どうかな?」と教師が働きかけることで、子どもたちも「ちょっとならやってみる」と言い出せるようになるかもしれません。

輪に入りたがらない子がいる

▷▷ 輪に入らない子に理由を尋ねる

　クラス会議をやってみようと輪をつくるときに、ふてくされたり、いつまで経ってもフラフラしたりしている子がいるときがありました。

　いつまでも輪ができず、段々イライラしてしまい、「輪に入りなさい！」と強く叱り、雰囲気を壊してしまうことが何度もありました。でも、輪に入らない子には、入らない理由があるのです。

　たとえば、自分の好きな子のとなりに座れなかった、女の子のとなりに座りたくない、休み時間にイヤなことを言われた、元々クラス会議が好きでない、みんなの前で発表したくないなど。

　大人からすると「なんだそんなことか」と思いますが、子どもにとっては大切だったり、譲れなかったりするのです。

▷▷ 子どもの気持ちや根本を探り、議題にする

　やりたくないことを無理やりやらされるのは大人でもイヤなものです。教師がクラス会議は良いものだと思っていても、子どもがイヤだと考えているうちは参加するのが難しくなります。

　まずは輪に入れない子どもの気持ちを認めてあげます。

頭ごなしに「輪に入りなさい！」と叱ると子どもとの関係が崩れてしまいますが、「見えるところにいてねー」と優しく声をかけておけば、ゆっくりと心を開いてくれることもあります。

　時間が経ったところで、「なんでイヤなのかな？」と尋ねてみましょう。子どもの気分次第ですが、落ち着いてくると答えてくれるようになります。そして、「その悩みをクラス会議でみんなに相談していい？」と尋ね、子どもの了解が取れたら、クラス会議の議題にします。クラス会議に対する子どもの悩みも教師が解決するのではなく、クラス会議そのもので解決するのです。

▷▷ 友だちの意見だから受け入れられる

　「好きな子のとなりに座りたい」という子どもからの希望があるときに、教師が「ここに座ってね」と言うとイヤがる場合があります。しかし、クラス会議で子どもたち自身で「好きな子のとなりに3回まで座っていい」というルールにすると意外とすんなり受け入れられます。同じ言葉でも、子ども同士のほうが伝わるときが往々にしてあるのです。

　大人の私たちも、職場で管理職の先生から言われるよりも、同僚から言われたほうが、すんなり受け入れられることはありませんか？

　つまり、タテのつながりよりもヨコのつながりのほうが有効なのは、子どもたちも同様なのです。

　教室の中で問題が起こったときには、すべてクラス会議の議題にしてしまう。これが究極の解決方法です。

　教師もクラス会議は有効であると信じられるようになるので、どんどん挑戦します。そして解決できることが増えるにつれ、子どもたちは自信を付け、いろいろな問題にチャレンジしていくことができるようになるのです。

Q7 個人名が出て、一人が標的になってしまう

▷ 匿名での議題出しを提案する

　議題提案シートに個人名が書いてあり、内容が悪口になってしまっているときがあります。最初に「個人名は書かないように！」と説明しても、子どもはつい感情が高ぶって書いてしまうこともあります。

　そんなときは、まず提案者だけを呼び出して気持ちを十分聞き取ります。なぜこの内容を書いたのか、何がイヤだったのか、どんなことに困っているのか、気持ちに寄り添い、できる限りゆっくり時間をとって対応します。

　次に相手の名を匿名にしてクラス会議に出すことを教師から提案します。加害者の子を懲らしめるのが目的ではなく、問題を解決するアイデアをみんなからもらうことが目的だということを伝えます。

▷ 匿名でロールプレイをする

　きょうこさんは、ゆうこさんからいつも嫌がらせを受けていました。きょうこさんはやめてほしいと思い、議題提案シートに「ゆうこさんがいつもイヤなことをしてくる」と書きました。しかし、これだけでは、何があったのかわかりません。そこで、実際には次のように進めました。

① 相手であるゆうこさんの名前を匿名にして、○○さんがイヤな
　　ことをしてくるという議題提案シートを読みあげる。
② どんなイヤなことがあったのかの詳細を議案提案者のきょうこ
　　さんからみんなに伝える。
③ 嫌がらせをする側の○○さん役をきょうこさんにやってもら
　　い、嫌がらせをされる側のきょうこさん役は立候補で募集をか
　　け、その子にやってもらいロールプレイを行う。

　このようにすれば、一人が標的になることなく、議題として取りあ
げることができます。議題を出したきょうこさんにとっても、ゆうこ
さん役をすることで気付きがあります。嫌がらせをしたときに、どん
な気持ちになるのか、嫌がらせをされた相手はどんな表情であったの
か、まわりの人の目はどうなのかを知ることができます。

▷▷ 個人の問題をみんなの問題にする

　ゆうこさんの目の前で、自分が行った光景が繰り広げられます。も
ちろんゆうこさんにも言い分がありますが、ここで反論すると、「私
がやりました」とみんなに伝えることになるので何も言いません。

　もしどうしても言いたいことがある場合には、次回の議題として議
題提案ボックスに入れるよう教師が言っておきます。時間をおくこと
で、気持ちを落ち着けて冷静に話し合うことができるからです。

　こうして、嫌がらせを受けていることをクラス全体が知ることにな
るのです。すると自然と抑止力が働きます。解決策がどうであるかよ
りも、実はクラスのみんなが問題を共有することのほうが重要なので
す。問題を共有できると、同じ問題が起きそうなときに声をかけてく
れる子が増えたり、トラブルを回避してくれる子が出てきたりします。

　クラスの問題としてクラス全員が捉えるようになることで、一人を
標的にしたり、個人の問題にはならなくなるのです。

Q8 管理職から クラス会議を 禁止される

▷▷ なぜ禁止するのか理由を考える

　なぜ管理職が禁止するのか。代表的な理由は2つ考えられます。

　1つ目は管理職との人間関係に問題がある場合です。普段から信頼関係ができていないと、「新しいことをやって何か問題を起こすのではないか」と疑問を持たれてしまい、問題を未然に防ぐという意味で管理職が厳しく禁止するのかもしれません。しかし、きちんと信頼関係ができていれば、やってはダメだと言われることは少ないでしょう。

　2つ目は時間数に制限がある場合です。年35時間の特別活動の時間をすべてクラス会議に使って良いのかが管理職も心配するところなのです。

　私の場合は、最初クラスの立ち上げ時に、係活動や学級委員決めなどの組織をつくるために5時間を使います。そして、残りの30時間をクラス会議に使います。

　クラス会議が「良いクラスをつくっていくために必ず必要な時間だ」ということを管理職に説明できれば理解を示してくれるでしょう。

　もし、それでもクラス会議を禁止された場合には、禁止される理由を一つずつ明確にして、それをクリアしていきましょう。

　また、同僚など仲間に相談して新たな解決策を見つけるという方法やすでに実践している先生のやり方を参考にするとよいでしょう。

▷ 管理職の理解が得られないとき

　管理職が非常に厳しく、クラス会議をやってはいけないという学校もあるかもしれません。そんなときには、国語、道徳、総合的な学習の時間で話し合いスキルとして教えます。

　つまり、表向きには「クラス会議」であることを公にせず、ひっそりと実行していくのです。なぜそこまでしてと思うかもしれませんが、それぐらい価値があるからです。

　やりたいと思っていても、初任１年目・２年目の頃は「他のクラスと足並みをそろえるように」と管理職から言われることもあるかもしれません。特別活動の時間も、フルに使えるのではなく、学年行事になったり学芸会に向けての準備に置き換えられたりすることもありました。そんなときに、この方法を考えたのです。

　どの学年にも国語の話し合い活動はあります。

　道徳では、机を前に向けた一斉授業スタイルだと意見が言えない子でもなぜか輪になって話すだけで、意見が言えるようになることもあります。

　総合的な学習の時間も、まさにこのクラス会議スタイルが一番有効に働く授業だと思います。「どうしたら〇〇市のゴミが減らせるのか」「川の水をキレイに保つにはどうしたらいいのか」「地域の特産品である桃をもっとおいしく食べてもらうにはどうしたらいいのか」といった議題を、クラス会議で話し合うとユニークな解決策がいくつも出てきます。

保護者から クラス会議を 心配される

▷▷ 授業参観や学級通信で伝える

　クラス会議を始めるときに、保護者にどうやって説明したらいいか、いつ伝えたらいいかと悩む人もいるかと思います。

　方法としては、授業参観のときに実際にクラス会議をやって見せる、学級通信にクラス会議の様子を載せるなどがあります。

　具体的には、こんなふうにして保護者に伝えてみましょう。

　「このクラス会議というのは、日本学級経営学会代表理事の赤坂真二先生が提唱しているもので、自分たちで問題を解決していき、自治的なクラスができあがるという学級経営の一つの方法です。クラスのみんなで解決策を考えることで、人の役に立てるという他者貢献感が育ちます。全国の教室に広まっており、すでに実践されている先生たちから、クラスがまとまった、子どもが主体的になった、将来を生き抜く力を付けることができたなどと教えてもらいました。これからクラス会議を続けていく中で、お子さんの成長が見られたらぜひ教えていただきたいです。よろしくお願いいたします。」

▷ 保護者はクラスの成長を一緒に喜んでくれる！

クラス会議を続けていくと、明らかに子どもの様子が変わっていくので、それを保護者が喜んでくれる場合がほとんどです。

クラスのみんなで話し合う時間を楽しみにしたり、クラス会議のことを家庭で話すようになります。

友だちの役に立ってうれしかったこと、それだけでなく、自分の悩みの解決策をみんなが真剣に話し合ってくれたことなどまで、保護者に伝えるようになります。

いままでには、ある保護者から子どもが、「クラスのみんなが悩みを解決してくれたんだよ！」と話してくれてうれしいと、言っていただいたことがありました。つまり、クラスの成長を保護者も一緒になって喜べるような状況が生まれてくるのです。

▷ 保護者に確認が必要な議題のときには

もしもプライベートな議題をクラス会議に出そうとしているときには、一度子どもに待ってもらいます。保護者に、議題として取り上げてよいかどうかを確認します。トラブルになることを避けるためです。子どもがいくら「大丈夫！」と言っても、教師はきちんと見極めなければなりません。

保護者に信頼してもらうためにも、プライベートな議題のときには、保護者に確認をとるなどきちんとした手順を踏んでから取り組むようにします。一度崩れてしまった信頼関係を取りもどすのにはとても時間がかかります。常に自分が保護者だったらどうしてほしいかを考えて対応していくことが大切です。

司会進行マニュアル（教師用）

　以下は司会進行マニュアルです。最初はこれを参考に進行すると良いでしょう。

▷ ステップ１　ハッピーサンキューナイス（15分）

・司会はスタートの合図をする　「これからクラス会議を始めます」
・輪づくりを促す　「なるべく早く静かに、きれいな輪をつくりましょう」
・発表を促す　「これからハッピーサンキューナイスをします」

▷ ステップ２　振り返り（5分）

・クラス全体に関わる議題の場合、司会は解決策が有効だったかをクラス全員に確認する　「みなさん、前回の解決策はうまくいっていますか」
・個人に関わる議題の場合、司会は議題提案者に尋ねる　「前回議題を出した○○さん、解決策はうまくいっていますか」
・解決した場合、司会は今回の議題発表に移る
・解決していない場合、司会は方向性を全員に尋ねる　「前回の議題について新しい解決策を再度話し合いますか。それとももう少し様子を見ますか」

▷ ステップ3　議題共有（5分）

- 司会は議題と提案理由を紹介する　「○○さんからの議題です。この議題を出した理由は……」
- 議題がわかりにくい場合には、議題提案者に説明を求める　「○○さん、もう少しくわしく説明してください」
- 司会はクラス全員が理解したかを確認する　「議題について質問はありませんか」

▷ ステップ4　話し合い（15分）

- 司会は話し合いを促す　「まずは○○分間まわりの人と話し合ってみてください」
- 時間を見ながらクラスに伝える　「あと○○分です」
- 解決策を発表してもらう　「では話し合って出た解決策を順番に発表してください。できるだけたくさん出してください」
- 司会は解決策を絞る　「今日の解決策は○○○に決まりました」

▷ ステップ5　まとめ（5分）

- 司会は議題提案者に感想を求める　「○○さんどうでしたか」
- 司会は役割の感想を述べる　「うまく進行できました。とくに○○くんがとてもよく人の話を聞いていて良かったです」

※これをコピーし、いつでも司会・副司会・書記が見られるようにしておきます。

司会進行マニュアル（子ども用）

司会・副司会は会議がスムーズに流れるように進めます。10秒以上、シーンという沈黙の時間をつくらないようにしましょう。
○司会…いつもみんなを見ていましょう。
○副司会…司会や黒板書記を助けましょう。意見を聞き逃して困っていたら教えてあげましょう。
進め方がわからなくなったら、みんなに聞きましょう。みんなが相談に乗ってくれます。

① はじめの言葉
「これから第○回クラス会議を始めます。礼」

② 話し合いのルール
「話し合いのルールを言いましょう」

③ ハッピーサンキューナイス
「私から言います」（もし言えない人がいたら「パスしますか？」と尋ねます。）

④ 前回の解決策の振り返り
「前回の議題は〜で、解決策は〜でした」
前回の議題提案者に「前回の解決策はうまくいっていますか？」と尋ねます。
うまくいっていなければ、「もう一度話し合いますか？」と提案者に尋ねます。

⑤ 議題の提案

「議題を読みます。〜」 提案者に「つけたすことはありませんか？」、
次はみんなに「〇〇さん（提案者）に質問はありませんか？」と尋ねる。

⑥ 話し合い

「今日の議題は〇〇です。解決策を考えましょう。まわりの人と話
し合ってもいいですよ。時間は、〇分です。」
話を聞いていない人がいたら 「話し合いのルールを思い出しま
しょう」と声かけしてみましょう。

⑦ 決定（AかBかどちらか選びます。）

A 議題がみんなに関係するときは多数決をします。「多数決をします」
　　　例：クラスのルールをつくる。お楽しみ会をする。

B 個人的な問題のときは、議題提案者に解決策を選んでもらいます。
　　　例：弟がゲームを隠したり壊したりする。

⑧ 決まったことの発表

「黒板書記さん、決まったことを発表してください」

⑨ 今日のクラス会議の振り返り

「司会、副司会、黒板書記から一言ずつ感想を言います」
　　　例：すばらしいと思った意見とその理由

　　　　　みんなのがんばったところ
　　　　　今日の振り返り
「最後に、先生から一言お願いします」

⑩ あいさつ

「起立！　これで、第〇回クラス会議を終わります。礼！」

議題提案シート

「みんな聞（き）いてよ！」議題提案（ぎだいていあん）シート

提案（ていあん）する人（ひと）＿＿＿＿＿＿＿＿　提案（ていあん）した日（ひ）＿＿＿＿月（がつ）＿＿＿日（にち）

どんな内容（ないよう）ですか？　1つ選（えら）んで○で囲（かこ）みましょう。

困（こま）っている・悩（なや）んでいる・助（たす）けてほしい・相談（そうだん）したい・アイデアがほしい・いいクラスにしたい・お知（し）らせしたい・いい学校（がっこう）にしたい・その他（た）

内容（ないよう）

「みんな聞（き）いてよ！」議題提案（ぎだいていあん）シート

提案（ていあん）する人（ひと）＿＿＿＿＿＿＿＿　提案（ていあん）した日（ひ）＿＿＿＿月（がつ）＿＿＿日（にち）

どんな内容（ないよう）ですか？　1つ選（えら）んで○で囲（かこ）みましょう。

困（こま）っている・悩（なや）んでいる・助（たす）けてほしい・相談（そうだん）したい・アイデアがほしい・いいクラスにしたい・お知（し）らせしたい・いい学校（がっこう）にしたい・その他（た）

内容（ないよう）

おわりに

「授業に追われてクラス会議の時間を確保できないのですが、どうしたらいいですか？」という質問をされることがあります。

実際には逆で、クラス会議を行うと、授業の時間が確保できるようになるのです。どういうことかというと、クラス会議をやっていくとクラスがまとまり、子どもたちが落ち着いて座っていられるようになるので、授業もスムーズに進むようになるのです。

子どもが席に着いていないので授業が始められない、騒がしくて学習モードになっていない、忘れものをしても誰も助けようとしないなど授業を進めるのが困難なときがあります。

しかし、普段からクラス会議をやって子どもたちがクラスの問題を主体的に考えるようになっていればクラスの状況はちがいます。「騒いでいる人がいたら静かにするように呼びかけよう」「忘れもので困っている人がいたら助けてあげよう」などと子どもが自ら動くので、結果として授業がスムーズになり、余計なことで授業の時間が削られずに済むのです。教師のお説教の時間も激減します。

最近は学級経営にはあまり力を入れず、授業偏重となっている学校が多いのではないかと感じています。年に何回も研究授業が行われたり、そのための準備に時間を割いたり……。昔はそれで何とかなったのかもしれません。

しかし、いまの時代は授業以上に学級経営が大切です。学級がちゃんと成り立っていなければ、クラスが荒れたり、子どもが問題を起こ

したりして、そもそも授業が成り立たないのです。

　だからこそ、クラス会議という方法で、学級経営を行ってほしいと考えています。

　私の場合は、クラス会議を取り入れてからクラスの状態が変わり始め、学級経営が少しずつうまくいくようになってきました。
　子どもたちに任せたことで、自治的能力を身に付けたクラスになっていきました。その光景を目の当たりにすることで、子どもの可能性を信じられるようになります。
　「あぁ！　子どもたちにはこんな力があるんだな！」と感じることができるのです。そうなれば、いままで学級経営で心配したり、徹底的に管理していたりしたものを手放すことができます。

　クラス会議で、子どもの自由度が増し、笑顔が増えます。教師ももちろん笑顔になれます。その結果、みんなが幸せになれるのです。

　だから私はクラス会議を広めていきたいのです。さあ一緒に子どもの可能性を広げていきましょう！！

　最後になりましたが、出版にあたり、ご助言をいただいた上越教育大学の赤坂真二先生、いつも優しくサポートしていただいた編集の河野さんに心より感謝を申しあげます。本当にありがとうございました。

2020年2月
深見 太一

参考文献

・ジェーン ネルセン、H.ステファン グレン『クラス会議で子どもが変わる——アドラー心理学でポジティブ学級づくり』コスモス・ライブラリー、2000年

・諸富祥彦監修、森重裕二著『クラス会議で学級は変わる！』明治図書出版、2010年

・諸富祥彦監修、森重裕二・但馬淑夫著『はじめちゃおう！クラス会議——クラスが変わり、子どもが変わる。』明治図書出版、2013年

・赤坂真二『赤坂版「クラス会議」完全マニュアル——人とつながって生きる子どもを育てる』ほんの森出版、2014年

・赤坂真二編著『いま「クラス会議」がすごい！』学陽書房、2014年

・赤坂真二『クラス会議入門』明治図書出版、2015年

・ちょんせいこ『ちょんせいこのホワイトボード・ミーティング　クラスが落ち着く！！ 低学年にも効果抜群』小学館、2015年

・諸富祥彦監修、森重裕二著『１日１５分で学級が変わる！　クラス会議パーフェクトガイド』明治図書出版、2015年

・赤坂真二『赤坂版「クラス会議」バージョンアップガイド——みんなの思いがクラスをつくる！』ほんの森出版、2016年

・青木将幸『深い学びを促進する　ファシリテーションを学校に！』ほんの森出版、2018年

●著者紹介

深見 太一 （ふかみ・たいち）

1981年生まれ。愛知県公立小学校勤務13年目。3児の父。
クラス会議講師として、全国各地で講座を多数開催。子
どもが主体的になるクラス会議を広めるため、Twitterや
YouTubeではたいち先生として実践を発信し続けている。
赤坂真二編著『学級ゲーム』明治図書シリーズ4冊に原稿
執筆。

対話でみんながまとまる！ たいち先生のクラス会議

2020年2月20日 初版発行
2023年10月20日 3刷発行

著　者 ─────── 深見　太一
発行者 ─────── 佐久間重嘉
発行所 ─────── 学陽書房
　　　　　　　　〒102-0072　東京都千代田区飯田橋1-9-3
営業部 ─────── TEL　03-3261-1111 ／ FAX　03-5211-3300
編集部 ─────── TEL　03-3261-1112
　　　　　　　　http://www.gakuyo.co.jp/

ブックデザイン／八木孝枝
イラスト／百田ちなこ
本文DTP制作／ニシ工芸
印刷・製本／三省堂印刷

©Taichi Fukami 2020, Printed in Japan　ISBN 978-4-313-65390-0 C0037
※乱丁・落丁本は、送料小社負担にてお取り替えいたします。